Gato himalayo

Grace Hansen

Abdo GATOS Kids

abdopublishing.com

Published by Abdo Kids, a division of ABDO, P.O. Box 398166, Minneapolis, Minnesota 55439.

Printed in the United States of America, North Mankato, Minnesota.

052017

092017

THIS BOOK CONTAINS RECYCLED MATERIALS

Spanish Translator: Maria Puchol

Photo Credits: Alamy, Animals Animals, Animal Photography, iStock, Shutterstock, Thinkstock

Production Contributors: Teddy Borth, Jennie Forsberg, Grace Hansen

Design Contributors: Dorothy Toth, Laura Mitchell

Publisher's Cataloging in Publication Data

Names: Hansen, Grace, author.

Title: Gato himalayo / by Grace Hansen.

Other titles: Himalayan cats

Description: Minneapolis, Minnesota : Abdo Kids, 2018. | Series: Gatos | Includes bibliographical references and index.

Identifiers: LCCN 2016963242 | ISBN 9781532101960 (lib. bdg.) | ISBN 9781532102769 (ebook)

Subjects: LCSH: Himalayan cats--Juvenile literature. | Spanish language materials--Juvenile literature.

Classification: DDC 636.8/3--dc23

LC record available at http://lccn.loc.gov/2016963242

Contenido

Los gatos himalayos 4

Cuidados 14

Personalidad 16

Más datos 22

Glosario 23

Índice 24

Código Abdo Kids 24

Los gatos himalayos

El gato himalayo es la mezcla perfecta de dos **razas**. Tiene el pelo del gato persa, abundante y esponjoso. Y comparte con los gatos siameses su color **punteado**.

La cabeza del gato himalayo es redonda y su cara chata. Tiene los ojos grandes, redondos y azules. Sus orejas son pequeñas.

El cuerpo del gato himalayo es fuerte. Lo sujetan unas patas **gruesas** y cortas.

Los gatos himalayos tienen el pelo largo y **denso**. Puede ser de muchos colores. Algunos colores comunes son el color crema, el café y el **foca**.

Los gatos himalayos son **punteados**. Algunos gatos tienen partes del cuerpo coloreadas oscuras. Otros gatos las tienen tan claras que casi no se ven.

Cuidados

A los gatos himalayos hay que cepillarlos todos los días. Hay que limpiarles los ojos a menudo.

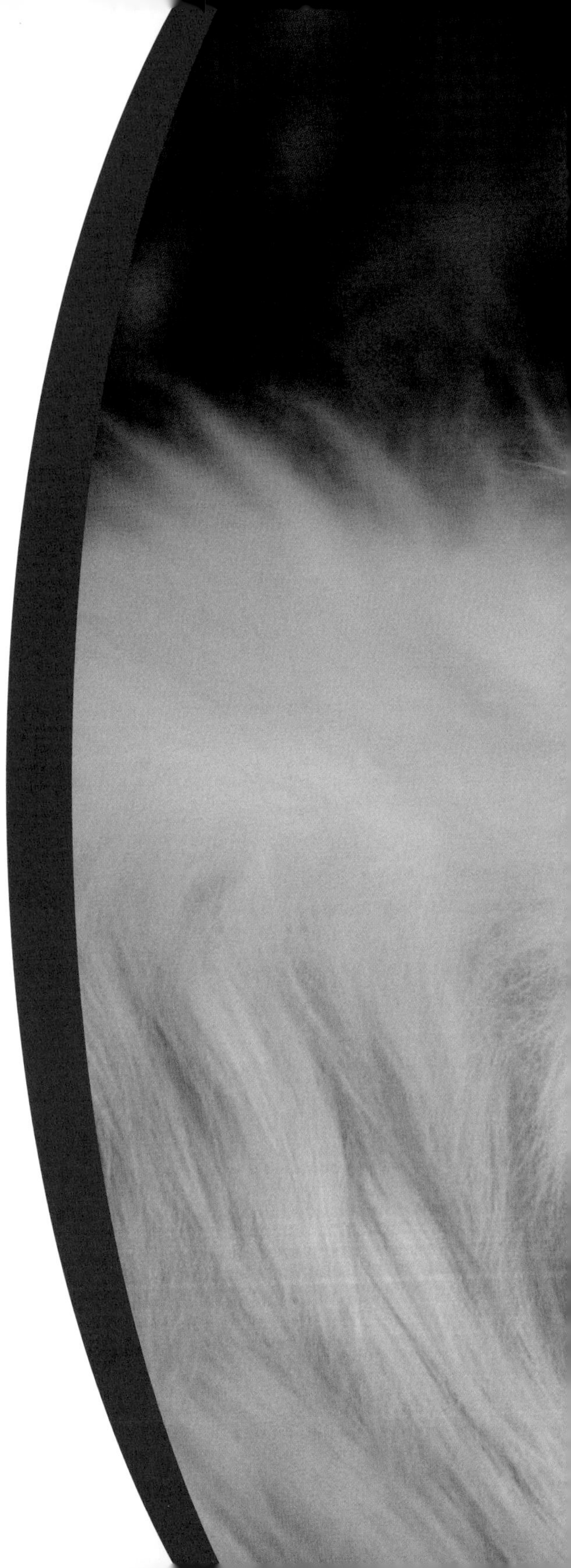

Personalidad

Normalmente son gatos tranquilos. Se les puede ver recostados en sillas o sofás.

¡A veces tienen una **explosión** de energía! Pueden estar sentados tranquilamente y de repente salir corriendo por el cuarto.

Estos encantadores gatos son buenos con todo el mundo. Les gustan los juguetes y jugar con la gente. Les encanta estar con sus dueños.

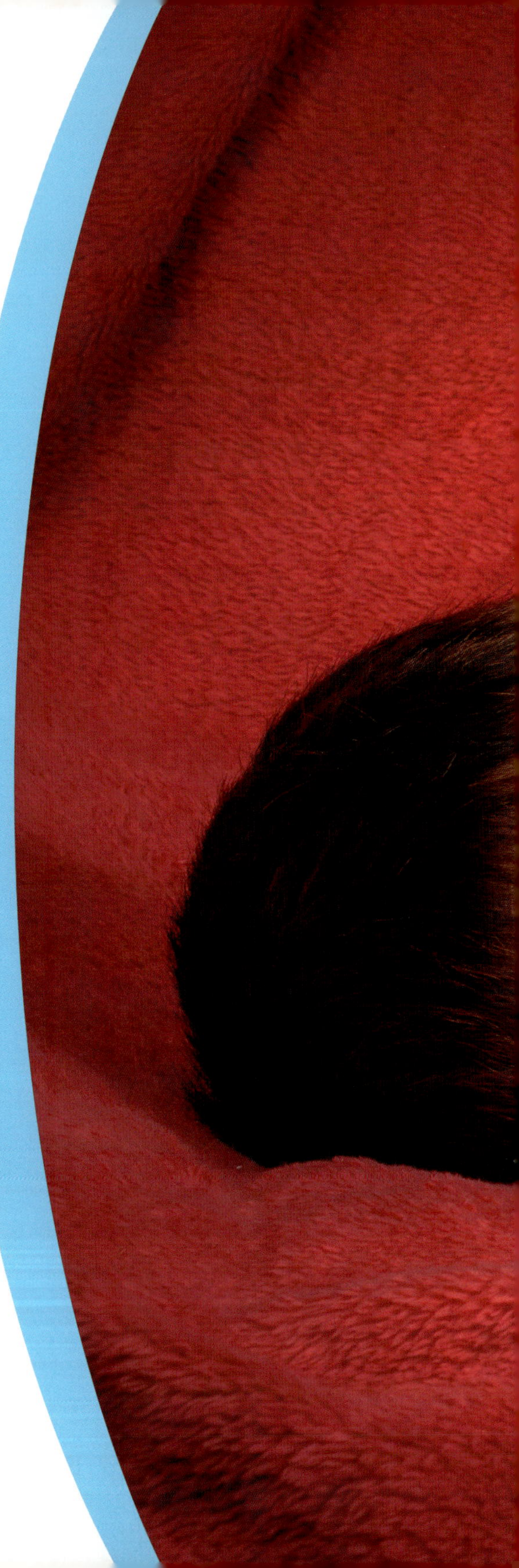

Más datos

- El pelo de los gatos himalayos es **denso** durante todo el año. Es importante que las casas tengan aire acondicionado para que no pasen calor.
- También es importante cepillarlos a diario porque su pelo se enreda fácilmente. Es fácil cuidar a un gato himalayo, les encanta que los limpien.
- En Inglaterra los llaman gatos persas con puntas coloreadas.

Glosario

color foca – color del pelo de los gatos donde el cuerpo es color café claro y las orejas, la cara, los pies y la cola son más oscuros.

denso – que tiene mucho pelo.

explosión – cuando se hace algo de repente por un momento corto.

grueso – que es grande de arriba a abajo, o de lado a lado.

punteado – tener las orejas, la cara, los pies y la cola de otro color al del resto del cuerpo.

raza – tipo específico de gato.

Índice

cabeza 6

color 10

cuerpo 4

cuidados 14

gato persa 4

gato siamés 4

marcas 12

ojos 6, 14

orejas 6

patas 8

pelo 10, 14

personalidad 16, 18, 20

tamaño 8

abdokids.com

¡Usa este código para entrar en abdokids.com y tener acceso a juegos, arte, videos y mucho más!